Iter Mīrābile
Dennis et Debrae

A Latin Novella

Christopher R. Buczek, Ph.D.

For first or second-year Latin students

Iter Mīrābile Dennis et Debrae

Copyright © 2016 by Christopher R. Buczek

ISBN-13: 978-153086560

ISBN-10: 1530806569

Printed in the United States of America

Foreword

The idea of extensive reading and Comprehensible Input novels for Latin students is in its early stages. Students become more involved in language learning when they can read something not only understandable, but also compelling. The story itself was originally written in November 2015 as a "NaNoWriMo" challenge to create a Latin novella. The main characters have their roots in my Latin I students, who created them as the main protagonists of our stories to learn vocabulary.

This text is written therefore for students at an early level of Latin study, either late first year or early second year. The concept of sheltering vocabulary, not grammar, has encompassed the development of the story. In slightly more than 2,800 total words, only 242 vocabulary words are employed. Unusual terms and some grammatical constructions are footnoted when necessary.

I would like to thank the following people who have given feedback to the story or piloted it with their students: Rachel Cunning, John Piazza, Dr. Robert Patrick, Justin Slocum Bailey, Miriam Patrick, and several others. They have all been very supportive of this manuscript.

I am the author of the cover photo. It was taken on October 11, 2008, in rural Oneida County, New York. Thank you to all my friends and family for their constant encouragement of my professional studies.

Christopher Buczek, Ph.D.
June 22, 2016

Capitulum I
Māchina Mīrābilis

Dennis est puer bonus. Debra est puella bona. Dennis et Debra sunt amīcī. Puer et puella in urbe habitant. Urbs est in Novō Eborācō. Debra patrem, mātrem, et frātrem habet. Dennis patrem et matrem habet, sed frātrem nōn habet. Frāter Debrae est amīcus Dennis.

Nunc est diēs nātālis Debrae. Frāter sorōrem suam amat. Itaque frāter māchinam sorōrī fēcit. Māchina est mīrābilis! Māchina per tempus iter facere potest! Frāter Debrae māchinam dat. Debra est laeta quod nunc māchinam novam habet.

Sed Dennis secrētum habet! Dennis māchinam vult. Dennis est trīstis quod māchinam nōn habet. Dennis ad domum

4

Debrae it. Dennis māchinam videt. Dennis amīcam rogat, "Debra, licetne mihi ūtī māchinā tuā?" Debra Dennī hoc dīcit: "Nōn licet tibi ūtī māchinā meā sine mē!"

Subitō Dennis cōnsilium in animō habet! Dennis māchinam Debrae capit quod Debra nōn eī māchinam dat! Debra est īrāta. Debra autem cōnsilium habet. Debra māchinam agere potest **iussibulō**[1]. Itaque Debra Dennem ad tempora antīqua mittit! Debra putat Dennem male agere in temporibus antīquīs. "Fortasse Dennis bellum cum Rōmānīs geret," inquit Debra. Sed Dennis linguam Latīnam scit. Dennis multa dē hominibus Rōmānīs scit. Dennis multa dē rēbus Rōmānīs scit. Dennis est puer doctus.

---

[1] **iussibulō** - "with a remote control."

Capitulum II

Dennis in Rōmā

Subitō Dennis est in Rōmā antīquā! Dennis māchinā iter per tempus fēcit. Nunc Dennis multa et mīrābilia videt. Dennis quoque aedificia alba videt. Aedificia pulchra sunt. Mox vir ad Dennem venit. Vir est fortis. Vir cum Denne **loquitur**[2]. Vir Dennem salūtat: "Salvē! Quōmodo tē habēs? Quis es tū?"

Dennis virō respondet: "Salvē! Mihi nōmen est Dennis. Bene mē habeō. Quid est tibi nōmen?"

"Mihi nōmen est Iūlius. Tū nōn togam geris. In quā patriā habitās?"

"**Mihi pergrātum est tē convenīre**[3], Iūlī. Ego in Americā habitō."

---

[2] **loquitur** = **dīcit**; "he speaks."

"Ubi est America? Ego numquam dē illā patriā audīvī. Cūr tū **Rōmam**[4] venīs?"

"America est terra longē ā Rōmā. Volō scīre multa dē Rōmānīs et volō Americānīs dīcere multa dē Rōmānīs."

Iūlius timet. Iūlius dē Americānīs nescit. Iūlius putat Americānōs esse barbarōs! Iūlius vult bellum cum Amerīcānīs gerere. Iūlius est dux praeclārus. Hic vir est **ipse**[5] Gāius Iūlius Caesar.

---

[3] **Mihi pergrātum est tē convenīre** = "I'm pleased to meet you."
[4] **Rōmam = ad Rōmam**
[5] **ipse** = "himself"

Capitulum III
Puella Trīstis

In Novō Eborācō, Debra est trīstis. Debra dē Denne putat. Puella scit amīcum esse in perīculō. Familia Dennis est trīstis quoque. Māter et pater Dennis male agunt, quod putant fīlium suum esse mortuum. Debra cum parentibus suīs et parentibus Dennis loquitur. Debra eīs dīcit Dennem esse **Rōmae antīquae**[6]. Familia Dennis nōn Debrae crēdit. Omnēs parentēs sunt īrātī! Familia vult scīre cūr Debra Dennem Rōmam mittat.

Māter et pater Debrae cum fīliā loquuntur. Eī haec dīcunt: "Tū amīcum tuum in magnō perīculō posuistī. Necesse est tibi ad mundum Rōmānum īre et Dennem

---

[6] **Rōmae antīquae** = in Rōmā antīquā

quaerere! Tū dēbēs auxilium ad Dennem ferre!"

Debra male agit quod ea auxilium ad Dennem ferre vult. Sed Debra nescit quid ea dēbeat facere. Puella nōn habet alteram māchinam quae iter per tempus facere potest. Ea cōnsilium bonum capit et ad īnsulam frātris it. Ea frātrem rogat, "Potesne mihi facere māchinam novam? Necesse est mihi Rōmam antīquam īre et Dennem invenīre. Dennis est in magnō perīculō." Itaque frāter auxilium sorōrī dat. Celeriter frāter māchinam novam fēcit. Nunc Debra est **laetissima**[7]!

---

[7] **laetissima = valdē laeta**

Capitulum IV

Dennis et Caesar

Intereā Dennis est in Rōmā. Rōma est urbs magna et pulchra. Rōma Dennī placet. Dennis cum Caesare loquitur. Caesar Americānōs nōn amat. Dennis timet, et vult scīre cūr Caesar Americānōs nōn amet.

"Caesar, cūr Americānōs nōn amās? Nōn sumus malī," inquit Dennis.

Caesar respondet, "Nesciō quī sint istī Americānī! Est terra longē ā Rōmā! Numquam dē terrīs Americānīs audīvī. Ego sum victor multōrum bellōrum! Ego sum vir magnae virtūtis! Ego putō vōs Americānōs esse barbarōs! Sed - *tū* Latīnē bene loqueris; tū es doctus. Quid potes mihi dīcere dē patriā tuā?"

"In Americā habitō. America multās **cīvitātēs**[8] habet. In cīvitāte Novō Eborācō habitō. Nōmen urbī meae quoque est Rōma. Americānī linguam Anglicam loquuntur, sed multī linguam Latīnam sciunt. Americānī vīvunt duō milia annōs in futūrō. Patria nostra autem est similis Rōmae. Ducem, quī est vir bonus et fortis, habēmus. Senātum et quoque magnum exercitum habēmus. Nōs Americānī, sīcut Rōmānī, multa bella gerimus et sumus victōrēs. Patria nostra est praeclāra."

"Mīrābile! Estne altera Rōma? Ego volō ad Americam īre! Sed tū in futūrō vīvis. Quōmodo ad urbem nostram vēnistī?"

"Rōma mea nōn est magna urbs sīcut haec Rōma. Māchinam autem habeō. Haec

---

[8] **cīvitātēs** = "states"

māchina per tempus iter facere potest.

Amīcus meus māchinam fēcit. Tū dēbēs īre ad Americam mēcum! Tū es vir praeclārus nōbīs!"

"Americānī mē sciunt? Mīrābile est! Certē ego ad Americam tēcum ībō! Sed hoc tibi dīcō: sī Americānī nōn mihi placent, contrā patriam tuam bellum geram. Intellegisne?"

"Intellegō. **Eāmus**[9] ad Americam!"

Capitulum V
Debra in Rōmā

Intereā Debra erat domī. Frāter suus māchinam novam magnā cum cūrā faciēbat. Sed nunc māchina facta est! Debra erat laeta. Frāter māchinam sorōrī dedit. Soror

---

[9] **Eāmus** = "let's go"

māchinam laetē accēpit. Mox Debra iter Rōmam antīquam faciet.

Tum Debra Rōmam venit. Debra Dennem quaerit, sed nōn eum videt. Debra est trīstis, quod nōn Dennem vidēre potest. Mox Debra fēminam videt. Fēmina est pulchra et bona. Debra cum fēminā loquitur.

Debra fēminam salūtat et rogat, "Quōmodo valēs? Quid est tibi nōmen? Mihi nōmen est Debra."

"Salvē, Debra, mihi nōmen est Iūlia," inquit fēmina. "Sum fīlia Caesaris. Ego patrem meum quaerō. Pater meus nōn est in urbe. Pater meus loquēbātur cum puerō quī nōn in Itāliā habitat. Numquam audīvī nōmen patriae huius puerī. Sed quid est nōmen patriae huius puerī? Nōn possum putāre…"

"Est mīrābile! Nōn possum crēdere mē loquī cum fīliā Caesaris praeclārī! Sed quis erat hic puer?" respondet Debra.

"Mīrābile! Nunc in memoriā teneō nōmen patriae puerī. Putō patriam esse Americam?"

"Euge! Ego sum puella Americāna! Quid est nōmen puerō?"

"Nōmen puerō est, **nisi fallor**[10], Dennis? Ita, nōmen puerō est Dennis. Hic puer Dennis cum patre meō loquitur."

"DENNIS????" clāmat Debra. "Euge, Dennis nōn est mortuus! Dennis vīvit! Laetissima sum! Dennis est amīcus meus. Dennis et ego sumus amīcī in Americā. In cīvitāte Novō Eborācō habitāmus. Estne Dennis in Rōmā nunc?"

---

[10] **nisi fallor** = "unless I am wrong"

Iūlia respondet, "Nisi fallor, pater meus cum Denne ad Americam it. Sī patrem meum vidēs, volō scīre!"

"Grātiās tibi agō, Iūlia," inquit Debra. "Cōnābor invenīre patrem tuum et Dennem. Ībō iterum ad Americam. Valē, Iūlia."

"Valē, Debra, et salva sīs," respondet Iūlia.

Intereā Debra pecūniam Rōmānam habet. Pater Debrae pecūniam Rōmānam **legit**.[11] Pater Debrae pecūniam ante iter dedit. Debra, quod trīstis est et Dennem dēsīderat, emere Dennī aliquid vult. "Dennis elephantōs amat," inquit Debra. "Volō emere Dennī elephantum! Dennis elephantum Rōmānum amābit!"

---

[11] **legit** = "collects"

Vir in urbe elephantōs habet. Debra magnum elephantum emit. Debra vult Dennī elephantum dare. Debra est laeta. Mox Debra iter ad Americam faciet.

Capitulum VI
Caesar in Americā

Dennis et Caesar diū in māchinā iter faciunt. Subitō Dennis et Caesar ad Americam veniunt. Nunc vir praeclārus Rōmānus Americam et mundum **hodiernum**[1] videt. Caesar timet. Dennis eī haec dīcit: "Salvē, Caesar! Sumus in Americā! Haec est patria mea. Haec est urbs mea, Rōma, Novum Eborācum."

---

[12] **hodiernum** = "modern"

Caesar et Dennis sunt in **viā longā Erie**[13]. Multae tabernae sunt in hāc viā. Multī hominēs ambulant et multae raedae per viam aguntur. Caesar multa et mīrābilia in urbe vīdit. Omnia **vidēbantur**[14] nova et **insolita**[15] Caesarī. Caesar rogat, "Quae sunt illae raedae celerēs sine equīs? Quōmodo aguntur? Quam mīrābilēs sunt tabernae! Quā linguā istī Americānī loquuntur? Et cūr hominēs nōn togās gerunt? Rōma tua est insolita."

Dennis respondet, "Illae sunt autoraedae. Paucī nunc ūtuntur raedīs cum equīs. Hominēs ipsī raedās agunt. Et in hāc patriā, multī Anglicē loquuntur. Multa verba Latīna aut similia Latīnae sunt in linguā

---

[13] **viā longā Erie** = "Erie Boulevard," one of the main streets of Rome, NY.
[14] **vidēbantur** = "seemed"
[15] **insolita** = "strange"

nostrā. Nōn togās gerimus, sed **camīsiās et bracās**[16] gerimus. Caesar, hoc tibi dō. Hoc est tēlephōnum. Omnēs in patriā meā tēlephōnum habent."

"Quid est?"

"Per tēlephōnum cum hominibus loquī potes. Imāginēs animālium et hominum vidēre potes. Multa dē omnibus rēbus invenīre potes."

"Nōn mihi placet haec māchina," Caesar respondet. "Nōn intellegō patriam vestram aut linguam vestram. Valdē timeō māchinās vestrās. Volō vidēre ducem Americānōrum. Sī dux Americānōrum nōn mihi placet, bellum contrā vōs geram. Ubi est dux Americānōrum?"

---

[16] **camīsiās et bracās** = "shirts and pants"

"Dux noster est in Vasintōniā. Dux in domō albā habitat. Vasintōniā est longē ab hāc urbe. Sed possumus iter per aeronāvem facere!"

"Et quid est haec aeronāvis? Volō Vasintōniam īre. Dūc mē ibi!"

Subitō Dennis Caesarem per aeronāvem ad terram Vasintōniae dūcit. Caesar putat deōs ipsōs in aeronāvī ferre eōs. Caesar nōn potest crēdere hominēs posse volāre in Americā. Mox Dennis et Caesar ad terram Vasintōniae veniunt.

Capitulum VII
Dennis et Caesar in Vasintōniā

Nunc Dennis et Caesar sunt in urbe
Vasintōniā. Vasintōnia est magna urbs.
Multī hominēs praeclārī ibi habitant.
Vasintōnia multa aedificia pulchra habet.
Aedificia videntur Rōmāna, sed nōn sunt
Rōmāna. Sunt aedificia Americāna. Caesar
haec aedificia videt. Caesar haec aedificia
amat. Caesar Dennī haec dīcit: "Ubi sumus?
Haec urbs vidētur esse Rōma nova! Quam
pulcherrima sunt aedificia! Multās magnās
statuās quoque videō. Mihi placet haec urbs.
Fortasse America nōn est patria mala. Sed
ubi est domus ducis Americānōrum? Volō
ducem patriae tuae vidēre. Dēbeō loquī cum
illō virō."

Dennis Caesarī respondet, "Ad Domum Albam tē dūcam. In Dōmō Albā habitat dux noster. Dux noster est vir magnae virtūtis."

Intereā multī hominēs Caesarem in viā vident. Hī hominēs volunt scīre quis ille sit. Hominēs nōn possunt crēdere illum esse Caesarem ipsum! Hominēs imaginēs cum eō capere volunt. Caesar nōn vult imaginēs **captās**[17]. Caesar hōs hominēs timet. Caesar īrātus vult pugnāre cum hominibus. Caesar tēlephōnum capere ab hominibus cōnātur. Nōn potest intellegere cūr Americānī valdē tēlephōna ament. Sed mox hī hominēs ā Caesare ambulant et nōn cum illō pugnant.

Subitō Dennis Caesarem ad Domum Albam dūcit! Custōdēs sunt in domō!

---

[17] **captās** = "taken (of him)"

Custōdēs Dennem et Caesarem rogant, "Quid facitis? Quī estis vōs? Cūr ad hanc domum venītis?"

Caesar est īrātus. Dennis timet. Caesar clāmat, "Ego sum Gāius Iūlius Caesar! Sum dux Rōmānōrum et victor multōrum bellōrum. Volō loquī cum duce Americānōrum!"

Sed custōdēs nōn Latīnē loquuntur. Necesse est Dennī loquī Anglicē cum eīs. Dennis custōdibus Anglicē dīcit Caesarem velle loquī cum duce. Dennis quoque dīcit Caesarem esse ducem praeclārum Rōmānōrum. Custōdēs nōn possunt crēdere Iūlium Caesarem ipsum esse in domō.

Capitulum VIII

Caesar et Dux Americānōrum

Tum Caesar et Dennis sunt in domō ducis Americānōrum. Domus est magna et mīrābilis. Multa cubicula sunt in domō. Dux in tablīnō sedet. Dux est vir magnae virtūtis. Mox dux Caesarem videt et eum salūtat.

"Salvē, Caesar! Quōmodo tē habēs? Cūr tū vīs loquī mēcum?"

"Salvē, dux Americānōrum. Bene mē habeō, et mihi pergrātum est tē convenīre[18]. Veniō ad Americam, quod multa dē hāc patriā audīvī. America est patria mīrābilis. Aedificia in hāc urbe mihi placent. Aedificia videntur esse Rōmāna. Sed iter longum ad Americam fēcī. Volō loquī tēcum dē multīs rēbus. Habēsne **verba dīcenda**[19] mihi?"

---

[18] See footnote 3.

"Caesar, tū es victor multōrum bellōrum. Tū quoque es dux fortissimus. Nōs Americānī volumus esse amīcī Rōmānīs. Rōmānī multa et mīrābilia ēgērunt. Americānī quoque multa et mīrābilia fēcērunt. Sumus sīcut frātrēs. Licetne nōbīs esse amīcī cum Rōmānīs?"

"Hominēs tuae patriae videntur esse bonī. Nōs Rōmānī quoque volumus esse amīcī. Putāvī vōs Americānōs esse barbarōs. Vōs nōn togās geritis et linguam insolitam loquiminī. Sed vōs aedificia Rōmāna facitis et Senātum habētis. Vōs quoque ducēs similēs patriae nostrae habētis. Americānī videntur intellegere Rōmānōs et volunt esse similēs Rōmānīs. Tū es vir magnae virtūtis, et ego quoque sum vir magnae virtūtis.

---

[19] **verba dīcenda** = "words to say"

Itaque necesse est nōbīs Rōmānīs esse amīcī Americānōrum. Mihi placet America.

America vidētur mihi esse Rōma nova. Americānī sunt Rōmānī novī."

"Multās grātiās tibi agō, Caesar," inquit dux Americānōrum, "et **faciās iter**[20] mīrābile Rōmam antīquam."

Tum Dennis et Caesar ē domō ambulant. Subitō per aeronāvem iter ad Novum Eborācum faciunt.

---

[20] **faciās iter** = "may you travel"

Capitulum IX

Cōnsilia Dennis et Debrae

Intereā Debra iter ad mundum hodiernum facit. Debra nunc in Novō Eborācō est. Debra habet elephantum quem Rōmae antīquae **ēmit**.[21] Debra vidēre Dennem vult. "Ubi est Dennis?" rogat Debra. "Volō eī elephantum dare!"

Subitō Dennis cum Caesare ad terram Novī Eborācī venit. Nunc Dennis est puer praeclārus! Dennis est praeclārus quod Caesarem ad Americam **tulit**.[22] Mox Debra longē vidēre Dennem et Caesarem potest. Debra est laeta, sed Dennī invidet. Tum Dennis Debram videt, et laetissimus est.

---

[21] **ēmit** = "bought"
[22] **tulit** = "has brought." From the verb *ferō, ferre, tulī, lātum*.

Debra autem pauca verba Dennī dīcit: "Tē valdē dēsīderāvī, Dennis! Ubi iter per Rōmam antīquam faciēbam, tibi ēmī animal quod tū valdē amās: elephantum! Elephantus est Rōmānus et antīquus. Volō tibi elephantum dare. Tē valdē amō, Dennis! Sī autem tū elephantum vīs, dēbēs mē in mātrimōnium dūcere!"

Nunc Dennis in animō verba Debrae tenet. Dennis putat cōnsilia Debrae esse bona. Puer puellam pulchram valdē dēsīderat. Dennis quoque valdē elephantum vult. Dennis putat sē dēbēre Debram in mātrimōnium dūcere. Sed Caesar secrētum habet! Caesar quoque elephantum habēre vult. Caesar autem nōn Debram amat, et nōn vult Debram in mātrimōnium dūcere. Caesar tantum elephantum habēre vult.

Capitulum X

Dē Elephantō

Subitō Caesar elephantum capere
cōnātur! Debra est īrāta et clāmat, "Nōlī
capere illum elephantum! Ego elephantum
Dennī ēmī! Nōn licet tibi eum capere!"

"Sed est magnī auxiliī habēre
elephantum. Elephantī sunt docta animālia,"
inquit Caesar.

Intereā elephantus, quī verba Caesaris
audīvit, cōnsilium capit. Caesar elephantō
nōn placet. Dennis elephantō placet. Dennis
vidētur elephantō esse homō bonus. Caesar
mox intellegit elephantum nōn amāre eum.
Caesar putat Dennem dēbēre elephantum
habēre.

"Debra," inquit Dennis, "ego tē valdē
amō. Ubi eram Rōmae antīquae, semper tē

in memoriā tenēbam. Laetissimus sum quod tū quoque mē in memoriā tenēbās in itinere tuō ad mundum antīquum. Volō vīvere vītam meam tēcum. Tū es puella pulchra et amīca mea. Volō elephantum, sed hoc est **maximī momentī**[23]: volō tē in mātrimōnium dūcere!"

Capitulum XI
Dē Mātrimōniō

Debra est laetissima et clāmat, "Euge!" Dennis est laetissimus et quoque clāmat, "Euge!" Tum Debra Dennī elephantum dat. Mātrimōnium Dennis et Debrae est mīrābile. Familia Dennis est laeta. Familia Debrae quoque est laeta. Frāter Debrae, quī sorōrī māchinam mīrābilem dedit, laetus est quod

---

[23] **maximī momentī** = "of the greatest importance"

Caesarem vidēre potest. Frāter imāginem in tēlephōnō cum Caesare capit. Ille Caesarī imāginem dat. Caesar putat imāginem esse insolitam sed mīrābilem. Caesar nōn iam tēlephōna timet. Est maximī momentī dīcere Dennem et Debram agere bene in suō mātrimōniō. Dennis est marītus bonus. Debra est uxor bona. Dennis et Debra sē valdē amant.

Caesar autem est trīstis, quod nōn elephantum habet. Sed amīcī novī Caesarī placent. Caesar quoque Americānīs placet. Caesar nunc Americam amat, sed dēbet Rōmam antīquam īre. Dennis Caesarī haec dīcit: "Amīce, uxor nova et ego laetē tē ad urbem tuam dūcēmus. Eāmus[24] ad māchinam!"

---

[24] See footnote 10.

Caesar haec verba Dennī et Debrae dīcit: "Vōbīs multās grātiās agō, amīcī. Ego multa et mīrābilia dē Americānīs et patriā vestrā invēnī. Ubi Rōmam eō, omnia amīcīs meīs dē hōc itinere insolitō dīcam. Sed hoc sciō: ego semper erō amīcus Americānōrum, quod vōs estis Rōmānī novī et hodiernī. Salvī sītis, et valēte."

Subitō Dennis cum uxōre et Caesare iter per tempus facit. Eī Caesarem Rōmam antīquam dūcunt. Dennis et Debra grātiās Caesarī et fīliae Iūliae agunt et domum, id est, ad Novum Eborācum hodiernum, eunt. Caesar amīcīs Rōmānīs multa dē itinere in Americā dīcit. Caesar mox in urbe magnum aedificium facit; in aedificiō sunt haec verba: "CAESAR HOC AEDIFICIVM AMERICANIS ROMANIS NOVIS

FECIT." Hoc aedificium Rōmānīs valdē placet. Diū Caesar laetē vīvit.

Capitulum XII
Familia Nova

Intereā, in Novō Eborācō, Dennis et Debra domum novam prope aquam emunt. Domus est magna! Aqua prope domum est pulchra. Elephantus cum Denne et Debrā quoque habitat. Mox Dennis et Debra fīlium et fīliam habent. Fīlius et fīlia multa dē rēbus parentium audīre amant. Fīlius et fīlia quoque elephantum amant. Elephantus quoque nunc est praeclārus! Elephantus est in circō! Dennis et Debra multam pecūniam habent quod elephantus est Rōmānus. Multī hominēs elephantum Rōmānum in circō vidēre volunt. Itaque elephantus omnem pecūniam quam accipit Dennī et Debrae dat. Elephantus est maximī momentī familiae.

Dennis et Debra autem alterum secrētum habent! Nōn iam volunt iter facere per tempus. Nōlunt māchinam quae per tempus iter facere possit. Dennis uxōrem rogat, "Quid faciāmus? Volō habitāre tantum in Americā hodiernā cum familiā nostrā. Sī fīlius aut fīlia iter per tempus faciat, in magnō perīculō sit. Nōlō fīlium et fīliam nostram male agere."

"Dennis, mī marīte," Debra respondet, "Cōnsilium mīrābile habeō! Pōnāmus māchinam in aquā! Sī māchina est in aquā, nōn possumus eā ūtī. Nōn licet māchinae habēre multam aquam in eā. Estne cōnsilium bonum?"

"Ita, Debra, nunc pōnāmus māchinam in aquā."

"Euge!" Debra et Dennis clāmant.

Dennis et Debra māchinam ad aquam ferunt. Tum Debra magnam māchinam capit et fortissimē in aquam pōnit. Subitō māchina displōdit! Marītus et uxor sunt laeta. Cōnsilium marītī et uxōris bene actum est.

Nunc Dennis, Debra, elephantus, fīlius, et fīlia laetissimē vīvunt. Ita crēditur.

List of Vocabulary in *Iter Mīrābilis Dennis et Debrae*

LATIN	ENGLISH
ā, ab	away from, from, by
accipiō, accipere, accēpī, acceptum	to receive, to get
ad	to, towards, at
aedificium, aedificiī (n.)	building
aeronāvis, aeronāvis (f.)	airplane
agō, agere, ēgī, āctum	to do, to drive (many other meanings)
albus, alba, album	white
aliquis, aliquid	someone, something
alter, altera, alterum	other, another
ambulō, ambulāre, ambulāvī, ambulātum	to walk
America, Americae (f.)	America
Americānus, Americāna, Americānum	American
amīcus, amīca, amīcum	friend (noun); friendly (adjective)
amō, amāre, amāvī, amātum	to like, to love
Anglicus, Anglica, Anglicum	English
animal, animalis (n.)	animal
animus, animi (m.)	soul, mind, spirit
annus, annī (m.)	year
ante	before
antīquus, antīqua, antīquum	ancient
aqua, aquae (f.)	water
audiō, audīre, audīvī, audītum	to hear, to listen to
aut	or
autem	however
auxilium, auxiliī (n.)	help
barbarus, barbarī (m.)	barbarian
bellum, bellī (n.)	war
bene	well
bonus, bona, bonum	good
bracae, bracārum (f. pl.)	pants
Caesar, Caesaris (m.)	Caesar
camīsia, camīsiae (f.)	shirt
capiō, capere, cēpī, captum	to take, to capture
celer, celeris, celere	quick, fast
certē	certainly
circus, circī (m.)	circus

cīvitās, cīvitātis (f.)	state
clāmō, clāmāre, clāmāvī, clāmātum	to shout
cōnor, cōnārī, cōnātus sum	to try
cōnsilium, cōnsiliī (n.)	plan, advice, idea
contrā	against
conveniō, convenīre, convēnī, conventum	to meet
crēdō, crēdere, crēdidī, crēditum	to believe, to trust
cubiculum, cubiculī (n.)	bedroom
cum	with
Cūr?	Why?
cūra, cūrae (f.)	care
custōs, custōdis (f.)	guard
dē	down from, about
dēbeō, dēbēre, dēbuī, dēbitum	ought, must, should; to owe
Debra, Debrae (f.)	Debra
Dennis, Dennis (m.)	Dennis
dēsīderō, dēsīderāre, dēsīderāvī, dēsīderātum	to miss
deus, deī (m.)	god
dīcō, dīcere, dīxī, dictum	to say, to tell
diēs, diēī (m.)	day
displōdō, displōdere, displōsī, displōsum	to explode
diū	for a long time
dō, dare, dedī, datum	to give
doctus, docta, doctum	smart, intelligent
domus, domūs (f.)	house, home
dūcō, dūcere, dūxī, ductum	to lead, to take, to guide
duō, duae, duō	two
dux, ducis (m.)	leader
ego, meī, mihi, mē	I, me
elephantus, elephantī (m.)	elephant
emō, emere, ēmī, emptum	to buy
eō, īre, īvī, ītum	to go
equus, equī (m.)	horse
Erie (indecl.)	Erie
et	and
euge	hurray, yay
exercitus, exercitūs (m.)	army
faciō, facere, fēcī, factum	to do, to make, to build
fallō, fallere	to deceive, to mistake

familia, familiae (f.)	family
fēmina, fēminae (f.)	woman
ferō, ferre, tulī, lātum	to bring, to carry
fīlia, fīliae (f.)	daughter
fīlius, fīliī (m.)	son
fortasse	maybe
fortis, forte	brave, strong
frāter, frātris (m.)	brother
futūrus, futūra, futūrum	future
Gāius, Gāiī (m.)	Gaius, a Roman *praenomen*
gerō, gerere, gessī, gessum	to wage (war), to wear, to bear
grātia, grātiae (f.)	thanks, grace, gratitude
habeō, habēre, habuī, habitum	to have
habitō, habitāre, habitāvī, habitātum	to live
hic, haec, hoc	this
hodiernus, hodierna, hodiernum	modern, today's
homō, hominis (m. or f.)	human, person, man
iam	now
ibi	there
ille, illa, illud	that
imāgō, imāginis (f.)	image, picture, likeness
in	in, on (+ abl.); into, onto (+ acc.)
inquit	says
insolitus, insolita, insolitum	strange, weird
īnsula, īnsulae (f.)	apartment, island
intellegō, intellegere, intellēxī, intellēctum	to understand
intereā	meanwhile
inveniō, invenīre, invēnī, inventum	to find, to discover
invideō, invidēre, invīsī, invīsum	to envy (+ dat.)
ipse, ipsa, ipsum	himself, herself, itself
īrātus, īrāta, īratum	angry
is, ea, id	he, she, it, this, that
iste, ista, istud	this, that (often negative)
ita	yes, thus, so
Ītalia, Ītaliae (f.)	Italy
itaque	therefore, and so
iter, itineris (n.)	journey, trip
iussibulum, iussibulī (n.)	remote control
Iūlius, Iūliī (m.)	Julius
laetus, laeta, laetum	happy

Latīnus, Latīna, Latīnum	Latin
legō, legere, lēgī, lēctum	to read, to collect
licet, licēre, licuit	to be allowed (+ dat.)
lingua, linguae (f.)	language, tongue
longus, longa, longum	long
longē (adverbial form)	far
loquor, loquī, locūtus sum	to speak
māchina, māchinae (f.)	machine
magnus, magna, magnum	big, large, great
malus, mala, malum	bad, evil
marītus, marītī (m.)	husband
māter, mātris (f.)	mother
mātrimōnium, mātrimōniī (n.)	marriage
maximī momentī	of great importance
mēcum	with me
memoria, memoriae (f.)	memory
meus, mea, meum	my, mine
mille	thousand
mīrābilis, mīrābile	wonderful, amazing, awesome
mittō, mittere, mīsī, missum	to send
mortuus, mortua, mortuum	dead
mox	soon
multus, multa, multum	many, much
mundus, mundī (m.)	world
nātālis, nātāle	of birth
ne (enclitic particle)	(indicates a question)
necesse	necessary
nesciō, nescīre, nescīvī, nescītum	to not know
nisi	unless, except
nōlō, nōlle, nōluī	to not want
nōmen, nōminis (n.)	name
nōn	not
nōs, nostrum, nōbīs	we, us
noster, nostra, nostrum	our, ours
Novum Eborācum, -ī (n.)	New York
novus, nova, novum	new
numquam	never
nunc	now
omnis, omne	all, every
parēns, parentis (m. or f.)	parent
pater, patris (m.)	father
patria, patriae (f.)	homeland, country
paucī, paucae, pauca	few

pecūnia, pecūniae (f.)	money
per	through
pergrātus, pergrāta, pergrātum	very pleased
perīculum, perīculī (n.)	danger
placeō, placēre, placuī, placitum	to please
pōnō, pōnere, posuī, positum	to put, to place
possum, posse, potuī	to be able, can
praeclārus, praeclāra, praeclārum	famous, distinguished
prope	near
puella, puellae (f.)	girl
puer, puerī (m.)	boy
pugnō, pugnāre, pugnāvī, pugnātum	to fight
pulcher, pulchra, pulchrum	beautiful, handsome
putō, putāre, putāvī, putātum	to think
quaerō, quaerere, quaesīvī, quaesitum	to look for, to search for
quam	than, how
quī, quae, quod	who, which, that
Quid?	What?
Quis?	Who?
quod	because
Quōmodo?	How?
quoque	also
raeda, raedae (f.)	carriage
autoraeda, autoraedae (f.)	car, automobile
rēs, reī (f.)	thing, event, matter
respondeō, respondēre, respondī, respōnsum	to answer, to reply
rogō, rogāre, rogāvī, rogātum	to ask
Rōma, Rōmae (f.)	Rome
Rōmānus, Rōmāna, Rōmānum	Roman
salūtō, salūtāre, salūtāvī, salūtātum	to greet
Salvē!	Hello!
salvus, salva, salvum	safe
sciō, scīre, scīvī, scītum	to know
sē, suī, sibi	himself, herself, itself, themselves
secrētum, secrētī (n.)	secret
sed	but
sedeō, sedēre, sēdī, sessum	to sit
Senātus, Senātūs (m.)	Scnatc

sī	if
sīcut	like, as if
similis, simile	like, alike, similar
sine	without
soror, sorōris (f.)	sister
statua, statuae (f.)	statue
subitō	suddenly
sum, esse, fuī	to be
suus, sua, suum	his, her, its, their
taberna, tabernae (f.)	shop, store
tablīnum, tablīnī (n.)	office
tantum	only
tēcum	with you (singular)
tēlephōnum, tēlephōnī (n.)	telephone, phone
tempus, temporis (n.)	time
teneō, tenēre, tenuī, tentum	to hold, to keep
terra, terrae (f.)	land, ground, earth
timeō, timēre, timuī	to fear, to be afraid
toga, togae (f.)	toga
trīstis, trīste	sad
tū, tuī, tibi, tē	you (singular)
tuus, tua, tuum	your, yours
ubi	where (question); when (conjunction)
urbs, urbis (f.)	city
ūtor, ūtī, ūsus sum (+ abl.)	to use
uxor, uxōris (f.)	wife
valdē	very
valeō, valēre, valuī	to be well
Valē!	Goodbye!
Vasintōnia, Vasintōniae (f.)	Washington
veniō, venīre, vēnī, ventum	to come
verbum, verbī (n.)	word
vester, vestra, vestrum	your, yours (belonging to 2+)
via, viae (f.)	street, road
victor, victōris (m.)	winner
videō, vidēre, vīdī, vīsum	to see
videor, vidērī, vīsus sum	to seem, to appear, to look (like)
vincō, vincere, vīcī, victum	to win, to conquer
vir, virī (m.)	man
virtūs, virtūtis (f.)	courage, virtue
vīta, vītae (f.)	life
vīvō, vīvere, vīxī, vīctum	to live

40

volō, velle, voluī   to want, to wish

volō, volāre, volāvī, volātum   to fly

vōs, vestrum, vōbīs   you (plural)

57748409R00024

Made in the USA
Middletown, DE
01 August 2019